LA DOCTRINA DE LA GRACIA

LIBRADA DEL CARGO DE LIBERTINAJE

LA DOCTRINA DE LA GRACIA

LIBRADA DEL CARGO DE LIBERTINAJE

John Gill

Tabla de contenido

"Y a la doctrina que es conforme a la piedad"

1 Timoteo 6:3

Introducción

El apóstol Pablo comprendió bien la doctrina del evangelio y su tendencia natural a influir en la vida de los hombres; y se preocupó mucho por el honor y el crédito de esta; para que la conducta de los profesos fuera como es debido, y para que en todas las cosas adornaran la doctrina de Dios su Salvador. Estaba muy deseoso de instruir a los hombres de las capacidades más modestas, y en la situación más baja de la vida como siervos, para que se comportaran de manera agradable con sus amos, *para que el nombre de Dios y su doctrina no fueran blasfemados* (vss. 1, 2). Encarga a *Timoteo* que *esto enseña y exhorta* a los hombres a cumplir con su deber; y añade, (vs. 3) *Si alguno enseña otra cosa, y no se conforma a las sanas palabras de nuestro Señor Jesucristo, y a la doctrina que es conforme a la piedad, está envanecido, nada sabe, etc.*; indicando claramente que las palabras de Cristo, o las sanas doctrinas del evangelio, concuerdan perfectamente con la piedad práctica; y que una vida y una conducta licenciosa son muy desagradables para ellas. Mi punto de vista al leer estas palabras es reivindicar la doctrina de la gracia del cargo de libertinaje, y demostrar que es una doctrina piadosa, y que propende a la edificación piadosa; o que es, como se expresa en el texto, *y a la doctrina que es conforme a la*

piedad. El método que seguiré para tratar este tema será
el siguiente:

I. Explicaré lo que es necesario en la proposición, *"Que
la doctrina de la gracia es conforme la piedad".*

II. Considerar el Cargo de libertinaje que se presenta
contra ella, y la naturaleza de este.

III. Hacer algunas concesiones en cuanto al abuso de
la doctrina, por parte de hombres malvados y
perversos. Y,

IV. Demostrar que la doctrina en sí es pura e inocente,
y libre de la imputación del libertinaje.

Capítulo 1

La doctrina de la gracia es conforme la piedad

Explicaré lo que es necesario en la proposición, *"Que la doctrina de la gracia es conforme la piedad"*. Por *doctrina de la gracia*, me refiero a ese sistema de verdades evangélicas que comúnmente son llamadas Calvinistas; es decir, que Dios ha amado desde toda la eternidad a algunos de la raza humana, y los ha elegido para la salvación eterna, por Jesucristo; que Él ha hecho un pacto de gracia con Su Hijo a favor de los elegidos, que es absoluto e incondicional; que Cristo en la plenitud de los tiempos asumió la naturaleza humana, sufrió y murió, para redimir a un pueblo especial y particular para sí mismo; que al cargar con sus pecados, y con todo el castigo que les corresponde, ha dado plena satisfacción a la justicia de Dios; que la justificación de un pecador ante Dios sólo es por la justicia de Cristo que le ha sido imputada, sin consideración alguna a las obras realizadas por él; que el perdón del pecado sólo es por la sangre de Cristo, y por su causa, según las riquezas de Su gracia; que Dios no ve ningún pecado en sus justificados y perdonados, para condenarlos por ello; que la regeneración y la conversión, son por la poderosa y eficaz gracia de Dios; y que los que son efectivamente llamados por la gracia, perseverarán hasta el fin, y serán eternamente salvados, Esta es la doctrina de la Biblia, de la *Escritura es inspirada por Dios, y que es útil para enseñar,* (2 Timoteo 3:16) para explicar, establecer y defender esta doctrina. Esta es la *doctrina de Cristo,* la cual, si un hombre no trae consigo, que pretende ser un predicador del evangelio, no debe ser recibido, *ni le digáis: ¡Bienvenido!* (2 Juan 1:10). Esta es la doctrina de los apóstoles (Hechos 2:42) que debemos seguir y cumplir con firmeza; y está comprendida sumariamente en esa excelente cadena de verdades, *a los que antes conoció, también los predestinó para que fuesen hechos conformes a la imagen de Su Hijo, para que él sea el primogénito entre muchos hermanos. Y a los que predestinó, a éstos también llamó; y a los que llamó, a éstos también justificó; y a los que justificó, a éstos también glorificó.* (Romanos 8:29, 30)

Por piedad no entiendo ninguna gracia en particular, ni el ejercicio de la misma; lo cual parece ser el sentido del apóstol, cuando dice: Añade *a la paciencia, piedad; a la piedad, afecto fraternal;* (2 Pedro 1:6, 7) ni toda la religión interna solamente; aunque esa es la parte primordial y principal de la piedad, y es lo que el escritor inspirado quiere decir, cuando observa, que *el ejercicio corporal para poco es provechoso, pero la piedad para todo aprovecha;* (1 Timoteo 4:8) pero por ella entiendo toda la religión práctica, tanto externa como interna, el ejercicio de toda gracia y el cumplimiento de todo deber: que es lo que el apóstol designa, cuando concluye así; *Puesto que todas estas cosas han de ser deshechas,*

¡cómo no debéis vosotros andar en santa y piadosa manera de vivir…! (2 Pedro 3:11)

Por ser la doctrina de la gracia una doctrina piadosa, o una doctrina *conforme a la piedad*, quiero decir que la piedad es la vida y el alma misma de ésta; que recorre cada parte de ella y es respirada por ella; que es *la verdad que es según la piedad*; (Tito 1:1) que hay una perfecta armonía y acuerdo entre ellas; el misterio de Cristo, de su persona, y la gracia, siendo el *gran misterio de la piedad*; y que nada enseña y compromete más poderosa y eficazmente a los hombres a que *renunciando a la impiedad y a los deseos mundanos, vivamos en este siglo sobria, justa y piadosamente*, (Tito 2:11, 12) que la doctrina de *la gracia de Dios*, que trae las nuevas de la *salvación* gratuita e incondicional por Jesucristo.

Capítulo 2

Consideración del Cargo de libertinaje y su naturaleza

Pese a que esta es la naturaleza y la orientación de la doctrina de la gracia, se le acusa de fomentar la relajación de la vida y de abrir una puerta al libertinaje; y se insiste en que: *"si Dios ha elegido a algunos infaliblemente para la salvación, y ha hecho un pacto con ellos en Cristo, para darles la gracia y la gloria, de manera absoluta e incondicional; si Cristo los ha redimido por Su sangre, y son justificados sólo por Su justicia, y siendo llamados por Su gracia nunca perecerán; entonces podrán vivir como ellos quieran, y tomar todo su vaivén de pecado, ya que su estado es seguro e inalterable"*. Pero esta acusación no es otra cosa que una sugerencia de Satanás; el razonamiento se le toma prestado; el argumento es una imitación de él; se forma según su plan; y está perfectamente de acuerdo con lo que dijo a nuestro Señor: *Si eres Hijo de Dios, échate abajo; porque escrito está: A sus ángeles mandará acerca de ti, y, en sus manos te sostendrán, para que no tropieces con tu pie en piedra:* (Mateo 4:6) que es, como si él dijera, *"si esto es así, puedes hacer lo que quieras contigo mismo, ningún daño puede ocurrirte, ningún perjuicio te puede suceder"*. Además, Satanás nunca se transforma más en un ángel de luz, que cuando se establece como predicador de la santidad, en oposición a la doctrina de la gracia; ni tampoco sus ministros actúan jamás de la misma forma, que cuando bajo la apariencia de *ministros de la justicia*, o predicadores de buenas obras, se esfuerzan por socavar y minar el fundamento de la doctrina del Evangelio. Esta acusación proviene de la malicia y la ignorancia; y es difícil decir cuál es la más predominante en esta; los hombres que la traen, *en cuanto al evangelio, son enemigos por causa de vosotros*, (Romanos 11:28) y hacen como *Diótrefes* hizo, *parloteando con palabras malignas contra nosotros*; (3 Juan 10) sus *designios de la carne son enemistad contra Dios* [Romanos 8:7], y todo lo que es espiritualmente bueno; y estando sin ningún discernimiento espiritual de las cosas del Espíritu de Dios, ellos las declaran tonterías, y *hablando mal de cosas que no entienden* [2 Pedro 2:12]. La acusación es falsa e infundada, y debe ser tratada como una mera difamación y calumnia, y debe ser rechazada con el mayor aborrecimiento e indignación; y no debe tener otra respuesta que la que da el apóstol; *¿Qué, pues, diremos? ¿Perseveraremos en el pecado para que la gracia abunde? En ninguna manera. Porque los que hemos muerto al pecado, ¿cómo viviremos aún en él?* (Romanos 6:1, 2) Sin embargo, esto puede servir de alguna manera para mitigar y aliviar nuestras mentes bajo esta horrible y pesada carga, que no es otra que lo que se ha hecho contra Cristo y sus apóstoles. Los rencorosos e ignorantes Judíos acusaron a nuestro Señor de ser un Antinomiano, tanto en la doctrina como en la práctica; en la doctrina, como aparece en su vindicación o de él mismo; *No penséis que he venido para abrogar la ley o los profetas; no he venido para abrogar, sino para cumplir.* (Mateo 5:17) En la práctica, como es evidente en esas palabras suyas; *Porque vino Juan, que ni comía ni bebía, y dicen: Demonio tiene;* (Mateo 11:18, 19) es un hombre insociable, con el que no se conversa de ninguna forma: *Vino el Hijo del Hombre, que come y bebe, y dicen: He aquí un hombre comilón, y bebedor de vino, amigo de publicanos y de pecadores;* pero, añade, *la sabiduría es justificada por sus hijos.* Y que los apóstoles de Cristo fueron tratados de esta manera, es evidente frente a lo que el apóstol Pablo dice; *¿Y por qué no decir (como se nos calumnia, y como algunos, cuya condenación es justa, afirman que nosotros decimos): Hagamos males para que vengan bienes?* (Romanos 3:8) Todo lo cual debe confirmarnos en la doctrina de la gracia que sostenemos y mantenemos como verdadera; ya que se le hacen las mismas objeciones que a la doctrina de Cristo y sus apóstoles.

Capítulo 3

Concesiones en cuanto al abuso de la doctrina, por parte de hombres malvados y perversos

Será posible, que la doctrina de la gracia sea, y haya sido abusada por hombres malos e inicuos. El apóstol Judas habla de algunos hombres en sus días, que *convierten en libertinaje la gracia de nuestro Dios* (Judas 4); donde por *la gracia* de Dios no se entiende el amor y el favor de Dios derramado en el corazón por el Espíritu; pues este nunca puede ser cambiado a tal propósito, siempre obrando de manera contraria, como lo hizo en David; *Porque tu misericordia*, dice, *está delante de mis ojos, y ando en tu verdad* (Salmo 26:3): ni tampoco el principio de la gracia forjado en el alma por el poder Divino; porque aquella persona de naturaleza espiritual tiene deseos contrarios a la carne, y nunca puede ser revertida a ella: Sin embargo, por ello se entiende que la doctrina del evangelio, que aunque la lascivia no está en su naturaleza ni tiene una tendencia natural a ella, los hombres inicuos la trasladan de su naturaleza, diseño y uso originales a uno ajeno: Así como los hombres *indoctos e inconstantes*, que no tienen un entendimiento espiritual de la palabra de Dios, ni ningún esquema de verdad consistente con ella, *también [tuercen] las otras Escrituras, para su propia perdición* (2 Pedro 3:16). Pero entonces, así como las Escrituras no deben ser consideradas como algo peor, por el hecho de que estos hombres las tuercen, tampoco la doctrina de la gracia debe ser menospreciada, porque es abusada por hombres maliciosos. Indaguen sobre el carácter de los hombres que convierten la gracia de Dios en lascivia; y *primero*, aparecen como *hombres impíos*, hombres desprovistos del temor y la reverencia de Dios, y de la devoción a Él; que no son adoradores de Él. Ahora, ¿quiénes son los que descuidan la adoración privada y pública de Dios? ¿Quiénes son los que caminan por los campos en los días del Señor? ¿O toman sus caballos y cabalgan, buscando su propio placer? ¿Quiénes son los que frecuentan las tabernas y las casas públicas, cuando deberían estar atendiendo la casa de Dios? ¿Son estos los hombres que comúnmente se llaman Calvinistas, los que afirman la doctrina de la gracia? Si se hace el examen estrictamente, las personas antes mencionadas serán encontradas, si no a un hombre, pero en su mayor parte, Arminianos, si son capaces de dar alguna explicación de sus sentimientos religiosos. Y en *segundo lugar*, la otra parte de su carácter se ve con un aspecto espantoso, y señala claramente a los que están al otro lado de la cuestión; *niegan a nuestro único Soberano y Señor, Jesucristo* [Judas 1:4 LBLA]. ¿Quiénes son los que niegan la persona de Cristo, Su propia deidad e igualdad con el Padre, de Su satisfacción plenaria y sacrificio expiatorio, Su justicia imputada y la eficacia de Su sangre? Los que niegan estas cosas son los hombres que convierten la gracia de Dios en lascivia; ya sea afirmando que es una doctrina licenciosa, ya sea tratando la doctrina de la gracia especial de manera desenfrenada y ridícula, burlándose de ella y satirizándola, ya sea haciendo universal la doctrina de la gracia, extendiéndola por igual a toda la humanidad, y de este modo endureciendo y animando a los hombres en el pecado.

Nuevamente: Sea como fuere, que algunos que nominalmente han recibido y profesado la doctrina pura de la gracia, han abusado de ella con propósitos viles; la doctrina en sí no debe ser rechazada por eso, sino los que abusan de ella. Las mejores cosas del mundo pueden ser mal utilizadas por los hombres malvados; sí, incluso las virtudes y providencias de Dios. La misericordia es una virtud de la naturaleza Divina, y lo que a Dios le complace: Dios es misericordioso, y por lo tanto, dice un pecador profano, me saciaré de pecado, y no dudo, si al final tengo la oportunidad de decir, *"Señor ten piedad de mí"*, que todo estará bien. Dios es paciente, longánime, soporta a los pecadores, y no despierta toda Su ira inmediatamente: ¿Qué efecto tiene esto sobre ellos? ¿Les lleva al arrepentimiento? Debería hacerlo: Pero ellos *[menosprecian] las riquezas de su benignidad, paciencia y longanimidad, ignorando que su benignidad te guía al arrepentimiento* (Romanos 2:4) Sí, como dice el apóstol Pedro, y hemos vivido para verlo confirmado, *vendrán*

*burladores, andando según sus propias concupiscencias, y
diciendo: ¿Dónde está la promesa de su advenimiento? Porque
desde el día en que los padres durmieron, todas las cosas
permanecen así como desde el principio de la creación* (2 Pedro
3:3, 4). Lo cual es como si dijeran; no vemos ninguna
probabilidad de la venida del Juez, ni del horrible juicio,
ni de la terrible condenación que recaerá sobre los
impíos, de la que se ha hablado; todo esto es sueño y
entusiasmo; y por lo tanto buscaremos nuestro propio
placer, y caminaremos según nuestra propia lujuria. *Por
cuanto no se ejecuta luego [enseguida] sentencia sobre la mala
obra, el corazón de los hijos de los hombres está en ellos dispuesto
para hacer el mal* (Eclesiastés 8:11) Ahora bien, ¿debe
decirse que Dios no es misericordioso, paciente,
longánime y tolerante, o que no debe serlo, porque los
pecadores hacen un muy mal uso de estas cosas?
¡Cómo se abusan las misericordias comunes de la vida
y los más bondadosos ejemplos de la Divina
providencia por parte de los peores hombres! Sí,
incluso el mismo *Jesurún* [Israel], *y tiró coces (Engordaste,
te cubriste de grasa); Entonces abandonó al Dios que lo hizo, Y
menospreció la Roca de su salvación* (Deuteronomio 32:15).
Pero ¿debemos negar las providencias de Dios, y
rechazar los ejemplos de Su bondad, por el mal uso que
se hace de ellos, a través de la miserable depravación
de la naturaleza humana? Ni debemos descartar la
doctrina de la gracia por tal motivo: Al paso que vamos,
lo mejor de las cosas, los hechos más simples y las
verdades más claras, serán negados y rechazados.

Una vez más: Se entenderá que siempre ha habido algunos hombres malos dentro de la mejor de las sociedades. Hubo un *Judas* entre los discípulos de Cristo; siempre ha habido paja en su suelo, y habrá hasta que llegue el tiempo de la aventación; y cizaña entre el trigo, lobos vestidos de oveja, y vírgenes insensatas entre los sabios, hasta que aparezca el novio. Pero entonces las faltas y defectos de algunos no deben ser imputados a todo el cuerpo, ni éstos a los principios sostenidos y profesados. Si esto debe ser admitido como medida y regla del juicio, ninguna iglesia o congregación, ninguna sociedad o conjunto de hombres, cualquiera que sea, ha sido o puede ser libre de las imputaciones más viles. Pero ¿la mayoría de los llamados Calvinistas o Antinomianos son hombres de carácter? ¿O hay más personas inmorales entre ellos que en el otro lado de la cuestión? Dejemos que miren en nuestra casa, estamos dispuestos a comparar notas y números con ellos; ya que nuestros principios están acusados, estamos obligados en defensa de nosotros mismos, a usar algún tipo de jactancia, y decir, de la misma manera que Samuel; *Aquí [estamos]; atestiguad contra [nosotros] delante de Jehová y delante de su ungido, si [hemos] tomado el buey de alguno, si [hemos] tomado el asno de alguno, si [hemos] calumniado a alguien, si [hemos] agraviado a alguno* (1 Samuel 12:3). Esto es digno de mención, que la doctrina de la gracia nunca ha tenido una carrera entre licenciosos y libertinos, mientras como todos sabemos, ha sido lo contrario, lo que es abrazado por aquellos, ¡Qué extraño! si las doctrinas de la gracia gratuita son de naturaleza e influencia tan maligna, tienen tal tendencia al libertinaje y dan tanto aliento al pecado, como se dice, que tales personas no deberían tomarlas y abrazarlas con avidez, al menos para probarlas; cuando es evidente que ellos están dispuestos a ceder a todos los absurdos y miserables esquemas de la Infidelidad y el Ateísmo, para mantener sus lujurias; pero, en lugar de esto, nadie les manifiesta un mayor rechazo a ellas: Y en verdad, estos son tan atrevidos como cualquiera para ser nuestros acusadores; aunque la acusación viene con una mala intención de quienes son abandonados al peor de los crímenes, y son enemigos declarados de la santidad de la vida. Una cosa más que quiero observar, y es que cuando cualquiera que haya abrazado y profesado la doctrina de la gracia cae en cualquier pecado abierto y escandaloso, hay inmediatamente un gran clamor y alboroto sobre ello; mientras que cuando es el caso, como frecuentemente es, en el lado opuesto, poco o nada se nota. ¿Cuál debe ser la razón de esto? Porque el caso es común, por un lado, y comparativamente raro, e incluso poco conocido por el otro: De modo que el ruido que se hace, y la atención que se presta, no hace más que aumentar nuestro crédito y reputación en general. Pero suponiendo que los casos de inmoralidad fueran más de lo que son, y siempre que ocurran, son motivo de lamento: aun así,

Capítulo 4

Demostración que la doctrina en sí es pura e inocente, y libre de la imputación del libertinaje

Afirmo que la doctrina de la gracia en sí misma es pura e inocente, y no debe ser acusada de las faltas y defectos de ninguno de los que la profesan; ni da ningún estímulo para pecar, sino que es todo lo contrario: Y esto se hará evidente, considerando las diversas doctrinas particulares que contiene. Como,

1. La doctrina del amor eterno e inmutable de Dios a sus elegidos, en cada estado, condición y circunstancia de la vida en que se encuentren. Esto no es contrario a la pureza y santidad de la naturaleza Divina; porque aunque ama a las personas de Su pueblo y se deleita en ellas como consideradas en Cristo, no se deleita en sus pecados; el pecado es una cosa abominable que odia; Él es de ojos tan puros para contemplarlo con aprobación y deleite; *Porque tú no eres un Dios que se complace en la maldad; El malo no habitará junto a ti [Sal. 5:4]*: ni los alienta en el pecado, ni los consuela, sino que los reprende y castiga por este de manera paternal; aunque al mismo tiempo no les quita Su amorosa

bondad; porque se complace en sus personas, aunque Él tenga un rechazo a sus pecados; ni tampoco esta doctrina lleva en lo más mínimo a los hombres al pecado, sino que por el contrario, está fuertemente comprometida con el amor de Dios, y una alegre obediencia a Él: Su amor por ellos no proviene de su amor por Él, ya que es anterior al de ellos; pero entonces *le amamos a él, porque él nos amó primero*; (1 Juan 4:19) y este amor en ellos hacia Él, los constriñe a una obediencia voluntaria; cuando sus corazones se ensanchan con este, entonces corren con diligencia los caminos de sus mandamientos; cuando esta bondad amorosa de Dios al elegirlos en Cristo, redimiéndolos por Su sangre, y llamándolos por Su gracia está delante de sus ojos, y tienen un sentido de ello sobre sus corazones, *[caminan] en tu verdad*; (Salmo 119:32, 26:3) en la verdad de Su Evangelio, y tienen sus estilos de vida que se convierten en ella. Este amor, según se derrama en sus corazones, *echa fuera el temor*, y les impulsa para *servir* al Señor *sin temor*, en justicia y santidad todos los días de su vida (1 Juan 4:18) ¿Qué puede poner a un hombre bajo una mayor obligación de amar al Señor, temerle y obedecerle, que esta consideración, que Él lo amaba cuando no tenía amor en su corazón hacia Él, es más, era un enemigo de Él; y que Sus pensamientos estaban preocupados por su salvación eterna, cuando no pensaba en Dios ni en sí mismo? Una consideración como ésta, debe obrar mucho más poderosamente sobre él, como debe hacerlo sobre cualquier mente inocente, que una como ésta; que el Señor comenzó a amarlo y continuó haciéndolo, porque lo amaba y era obediente a él; y continuaría haciéndolo siempre, y no más. Esa es la obediencia más pura que está influenciada por el amor; es la obediencia de un niño, y no de un esclavo; y debe ser la más aceptable para Dios; no hay otro servicio que sea aceptable para Él, sino el que brota del amor influenciado por el Suyo propio.

2. La doctrina de la eterna y personal elección de algunos de los hombres para la salvación eterna. Las buenas obras no son las causantes del acto de elección de Dios: *(pues no habían aún nacido, ni habían hecho aún ni bien ni mal, para que el propósito de Dios conforme a la elección permaneciese, no por las obras sino por el que llama), se le dijo: El mayor servirá al menor. Como está escrito: A Jacob amé, mas a Esaú aborrecí:* (Romanos 9:11-13) Nada de lo que es temporal puede ser la causa de lo que es eterno; ni la voluntad del hombre, ni ninguna cosa hecha por él, puede ser la causa de la voluntad de Dios; pero aun así, buenas obras son las que *Dios preparó de antemano*, para que Su pueblo elegido *[anduviese] en ellas* (Efesios 2:10). La santidad es un medio que se afianza en la elección, y un fin que está asegurado por ella; todos los que desde el principio, desde la eternidad, son elegidos para la salvación por Cristo, son elegidos para ella *mediante la santificación por el Espíritu y la fe en la verdad* (2 Tesalonicenses 2:13); todos los que son elegidos según el previo conocimiento de Dios Padre, lo son mediante la santificación del Espíritu, *para obedecer y ser rociados con*

la sangre de Jesucristo (1 Pedro 1:2): cuya santificación está tan infaliblemente asegurada, como la salvación misma; porque aunque los hombres no son elegidos porque lo eran, sin embargo lo son, para ser santos; y en consecuencia de la gracia electiva llegan a serlo a través de las influencias santificadoras del Espíritu de Dios. La elección es la fuente y el manantial de toda santidad verdadera y real: Desde la caída de Adán, no habría existido tal cosa como la santidad en el mundo, si no hubiera sido por la elección de la gracia; a menos que el Señor hubiera dejado una semilla, y se hubiera reservado un remanente para sí mismo, de acuerdo con la elección de la gracia, el mundo habría sido como Sodoma y como Gomorra: Y así es, donde no hay ejemplos de esta gracia. ¡Extraño entonces, que de esta doctrina inocente, tan amigable a la santidad y a las buenas obras, se deba pensar que abre una puerta al libertinaje! Además, la santidad de corazón y de vida es una evidencia de la elección; la gracia interna de santificación es una evidencia, siendo un fruto de ella para la persona misma: *Porque conocemos, hermanos amados de Dios*, dice el apóstol, *vuestra elección; pues nuestro evangelio no llegó a vosotros en palabras solamente, sino también en poder, en el Espíritu Santo y en plena certidumbre* (1 Tesalonicenses 1:4, 5). La santidad externa, o lo que aparece en la conducta externa, es la evidencia de la elección de otros. De ahí que se aconseje a los santos que *procurad hacer firme vuestra vocación y elección* (2 Pedro 1:10); esto es por buenas obras, como en algunas copias se lee, y como el sentido lo requiere; ya que tanto el llamamiento como la elección deben ser asegurados por una tercera cosa. No es que ellos puedan estar más seguros en sí mismos, o ante el creyente, de lo que están; pero una evidencia más segura y cierta puede ser dada de ellos a los demás. Ni hay nada, ni puede nada más poderoso para comprometer a los hombres a la santidad y a las buenas obras, y a honrar y glorificar a Dios de esa manera, que la consideración de esto; que *vosotros sois linaje escogido, real sacerdocio, nación santa, pueblo adquirido para posesión de Dios, a fin de que anunciéis las virtudes de aquel que os llamó de las tinieblas a su luz admirable* (1 Pedro 2:9).

3. La doctrina del absolutismo e incondicionalidad del pacto de gracia, está lejos de ser una doctrina licenciosa. Es verdad que las buenas obras de los hombres no los ponen en este pacto, ni sus malas obras, sus transgresiones y pecados, los sacan de él, a quienes están en él; pero esto no supone que Dios pase por alto y se confabule con los pecados de su pueblo; ya que se dice expresamente, y es parte de este pacto, *Si dejaren sus hijos mi ley, Y no anduvieren en mis juicios, Si profanaren mis estatutos, Y no guardaren mis mandamientos, Entonces castigaré con vara su rebelión, Y con azotes sus iniquidades. Mas no quitaré de él mi misericordia, Ni falsearé mi verdad. No olvidaré mi pacto, Ni mudaré lo que ha salido de mis labios* (Salmo 89:30-34). Además, nada provee más plenamente de santidad interna y externa, que el pacto de gracia; y que por las promesas más absolutas e incondicionales: provee de santidad interna, por

promesas como éstas, *Esparciré sobre vosotros agua limpia, y seréis limpiados de todas vuestras inmundicias; y de todos vuestros ídolos os limpiaré. Os daré corazón nuevo, y pondré espíritu nuevo dentro de vosotros; y quitaré de vuestra carne el corazón de piedra, y os daré un corazón de carne* (Ezequiel 36:25, 26). Y en otro lugar, *Daré mi ley en su mente, y la escribiré en su corazón* (Jeremías 31:33). Provee para la santidad externa, y esto de la manera más eficaz; ya que Dios en ella promete, diciendo, *pondré dentro de vosotros mi Espíritu, y haré que andéis en mis estatutos, y guardéis mis preceptos, y los pongáis por obra* (Ezequiel 36:27). Tampoco hay ninguna cosa bajo la influencia de la gracia Divina que opere más poderosamente, y despierte los deseos de los santos, su atención, diligencia y asiduidad para cumplir con su deber, que las promesas absolutas e incondicionales de la gracia; como estas: *como Dios dijo: Habitaré y andaré entre ellos, Y seré su Dios, Y ellos serán mi pueblo...Y seré para vosotros por Padre, Y vosotros me seréis hijos e hijas, dice el Señor Todopoderoso* (2 Corintios 6:16, 18 y 7:1). *Así que*, dice el apóstol, *puesto que tenemos tales promesas, limpiémonos de toda contaminación de carne y de espíritu, perfeccionando la santidad en el temor de Dios.* Agreguemos a todo esto, que Dios en el pacto de gracia provee de manera absoluta e incondicional para los santos la perseverancia final en la fe y la santidad; diciendo: *pondré mi temor en el corazón de ellos, para que no se aparten de mí* (Jeremías 32:40).

4. La doctrina de la redención particular por Cristo, está libre de cualquier imputación de libertinaje. Es

ciertamente una redención de la esclavitud, de la maldición y de la condena de la ley; pero no exime de la obediencia a ella, ya que está en las manos de Cristo; porque los santos están todavía *bajo la ley de Cristo*; (1 Corintios 9:21) ni se deleitan tanto en la ley de Dios según el hombre interior, ni la sirven más alegremente con su mente, que aquellos que son más sensibles, que han llegado a morir y a ser liberados de ésta por la sangre de Cristo. La redención es una liberación del pecado, de todo pecado, original y actual; y esto no sólo de la culpa del pecado y del castigo que le corresponde, sino que, como consecuencia de la gracia redentora, los redimidos son liberados del dominio y del poder del pecado, y finalmente de la existencia de éste. Cristo salva a Su pueblo de sus pecados, no se complace en ellos; *Vendrá de Sion el Libertador, que apartará de Jacob la impiedad* [Romanos 11:26] ¡Qué extraño! que una redención de una vana conducta que debería ser siempre un estímulo para uno; o que el hecho de que una persona sea rescatada de las manos de Satanás y arrebatada como una presa de las manos de los poderosos, constituya un obstáculo con él para renunciar a sí mismo a Satanás y a su servicio; o que se piense que tiene alguna tendencia a comprometerlo en un estado de esclavitud hacia Satanás, para ser llevado como cautivo por él a su voluntad. Además, el gran fin de la entrega de Cristo por cualquiera de los hijos de los hombres es *redimirnos de toda iniquidad y purificar para sí un pueblo propio, celoso de buenas obras* (Tito 2:14). Nada obliga tanto a los hombres a *glorificad, pues, a Dios en vuestro cuerpo y en vuestro espíritu*, como la consideración de que ¿*…no sois vuestros? Porque habéis sido comprados por precio* (1 Corintios 6:19, 20), hasta con la preciosa sangre de Cristo; ni nada como el amor de Cristo, el amor redentor de Cristo puede constreñir a los hombres a la obediencia, a que *no vivan para sí, sino para aquel que murió y resucitó por ellos* (2 Corintios 5:14, 15)

5. La doctrina de que Cristo carga con nuestros pecados y los satisface ante la justicia de Dios, es también una doctrina pura y santa: Porque aunque Cristo cargó con todos los pecados de Su pueblo, con toda la culpa y la inmundicia de ellos, y con todo el castigo que les corresponde, lo ha quitado todo, pues Su sangre limpia de todo pecado; remueve todo lo que está en el pecado y le pertenece; pero esto no anima a pecar; porque uno de los fines de Cristo al cargar nuestros pecados en Su propio cuerpo en el madero, fue que, *muertos a los pecados, vivamos a la justicia* (1 Pedro 2:24)

Aunque Cristo como sacerdote ha satisfecho la justicia, cumpliendo la ley, rindiendo perfecta obediencia a sus preceptos y soportando todo el castigo de la misma; sin embargo, esto no libera a aquellos para quienes ha hecho satisfacción de la obligación de considerar la ley, según lo expuesto por Él como Rey de los santos; a quienes poseen y se consideran obligados a poseer como su juez y legislador; y en efecto, se consideran aún más obligados a obedecer Sus leyes y mandamientos, ya que ha terminado con la transgresión por ellos, ha puesto fin al pecado, ha efectuado la reconciliación de la iniquidad y ha traído la justicia eterna. Aunque *por la ley soy muerto para la ley, a fin de vivir para Dios* (Gálatas 2:19); *la sangre de Cristo, el cual mediante el Espíritu eterno se ofreció a sí mismo sin mancha a Dios, limpiará vuestras conciencias de obras muertas para que sirváis al Dios vivo* (Hebreos 9:14): *Si decimos que tenemos comunión con él, y andamos en tinieblas, mentimos, y no practicamos la verdad*, es solamente los que andan en la luz y tienen comunión con Cristo, a quien *la sangre de Jesucristo su Hijo nos limpia de todo pecado* (1 Juan 1:6, 7); el sufrimiento de Cristo, *el justo por los injustos*, el castigo por el pecado, fue *para llevarnos a Dios* (1 Pedro 3:18); no sólo para reconciliarnos con Él y gozar de Su favor, sino para caminar con Él, seguir sus caminos y andar humildemente delante de Él; mientras que si nos dejara libres al pecado y nos animara al mismo, nos pondría a una mayor distancia de Él. La satisfacción de Cristo por el pecado no debilita en absoluto nuestra obligación al deber, sino que la aumenta.

6. La doctrina de la justificación por la justicia imputada de Cristo, es una doctrina según la piedad, por más que se la tilde de licenciosa; no anula la ley, ni desalienta la realización de las buenas obras, ni anima a pecar, no anula ni hace inútil la ley: *¿Anulamos*, dice el apóstol, *la ley por medio de la fe?*, es decir, por la doctrina de la justificación por la justicia de Cristo, recibida por la fe *¡De ningún modo! Al contrario, confirmamos la ley* (Romanos 3:31 LBLA); ya que afirmamos que los hombres son

justificados por una justicia perfecta, que es de todo punto de acuerdo con las exigencias de la ley, y por la cual ésta se engrandece y se hace honorable. Tampoco descarta en absoluto el cumplimiento del deber, sino que es el mayor motivo e incentivo para ello. Así pues, el apóstol, después de haber observado que no somos salvados por obras de justicia hechas por nosotros, que somos justificados por la gracia de Cristo, y que somos hechos herederos según la esperanza de la vida eterna, añade: *Palabra fiel es esta, y en estas cosas*, es decir, estas doctrinas, *quiero que insistas con firmeza* (Tito 3:8); que las afirmes sin ninguna duda o vacilación acerca de ellas, y que te ocupes de ellas en tu ministerio, y las inculques con frecuencia; *para que* con este fin y propósito, *los que creen en Dios procuren ocuparse en buenas obras*. Nada como estas doctrinas los inducirá a ello. Ni esta doctrina da ningún apoyo a las prácticas pecaminosas; porque, aunque Dios justifica a los impíos, no se complace en la impiedad. La justicia de Cristo justifica de todo pecado, pero no justifica a las personas que persisten en el pecado. Además, *la fe*, que *recibirá bendición de Jehová, y justicia del Dios de salvación* (Salmo 24:5), que es la razón por la que se dice que los hombres son justificados por ella, *obra por el amor* (Gálatas 5:6); es una gracia operativa, está acompañada de los frutos de la justicia, se manifiesta mediante las buenas obras, se perfecciona por ellas, y sin ellas está muerta. Sin embargo, algunos dirán que la doctrina de la justificación por la fe no es una doctrina licenciosa, sino que las doctrinas de la justificación eterna y de la unión eterna lo son. Esto viene de otro lado, de un conjunto de hombres que deberían estar mejor informados. ¿Qué encanto diabólico? ¿Qué influencia satánica puede haber en una fecha? Si la justificación por la justicia imputada de Cristo solamente, sin las obras de la criatura, no tiene ninguna mala influencia sobre la vida y la conducta; el desplazamiento de la fecha de la misma más lejos de donde se ha puesto comúnmente, nunca puede ser acompañado con ninguna mala consecuencia de esa manera; ni tampoco puede derivarse ninguna consecuencia de ello, sino lo que también debe seguir inevitablemente a la elección eterna: Y en cuanto a la unión eterna con Cristo, es el fundamento de todas las cosas buenas que Cristo ha hecho por Su pueblo, de todas las cosas buenas que el Espíritu obra en ellos, y de todas las buenas obras que son hechas por ellos; y por lo tanto nunca puede dar origen y aprobación a las prácticas malignas.

7. La doctrina de la remisión gratuita y completa de los pecados, según la gracia y la misericordia de Dios, y por la sangre de Cristo, y por su causa, y no a causa de nuestro arrepentimiento y buenas obras, como lo pretenden, no tiene ninguna influencia para hacer que la conducta de un pecador verdaderamente sensato sea mala, sino todo lo contrario; el pecado nunca resulta tan detestable, y en sus verdaderos colores, o tan excesivamente pecaminoso, como lo hace a través del cristal del amor perdonador; un alma nunca está más avergonzada o pecadora, y confundida por ello, o se

ruboriza por ello, que cuando es más sensata y está más convencida de que Dios *está en paz con ella por todo lo que Él ha hecho* (Ezequiel 16:63); y que todo es perdonado por la sangre de Cristo: ni se lamenta más verdadera y sinceramente, y de manera evangélica, *llora* por el pecado, o se humilla ante el Señor por él, que cuando *mira* a Cristo y ve todas sus iniquidades cargadas por él y lavadas en Su sangre (Zacarías 12:10); ni hay nada que pueda comprometer más poderosamente a los hombres a abandonar sus malos caminos y su forma de vida y volverse al Señor, que esta consideración, que Él es *amplio en perdonar* (Isaías 55:7); y ciertamente la finalidad que tiene el Señor al presentar a Cristo en sus propósitos para ser la propiciación del pecado y conseguir la remisión del mismo, y al proporcionar esta bendición en el pacto de Su gracia, y al enviar a Cristo para obtenerla, mediante el derramamiento de Su sangre, y al publicarla y proclamarla en Su evangelio, y al aplicarla por Su Espíritu, es que sea temido y adorado de corazón y sinceramente; *en ti hay perdón, para que seas reverenciado* (Salmo 130:4). Él habría sido temido con un temor esclavo, o pavor, como lo tienen los demonios, de no haber sido así; pero nunca habría sido temido por los hombres pecadores, con un temor filial y piadoso, o habría sido adorado con sinceridad y verdad, si no fuera por la gracia perdonadora y la misericordia a través de la sangre de Cristo; y aquellos que pueden abusar de una doctrina como esta, deben ser muy poco sinceros, diciendo que porque Dios los ha perdonado, por lo tanto, pecarán más contra Él; si hay algunos que continúan en el pecado con tal presunción, que sus pecados son perdonados, ellos manifiestan que nunca tuvieron una verdadera conciencia de pecado, o la aplicación del perdón a ellos.

8. La doctrina de que Dios no ve ningún pecado en Su pueblo, de la cual se habla en contra como una inmoral, y que da libertad al pecado; sin embargo, es pura, santa e inocente: Porque esta doctrina no supone que el pecado no sea pecado; o que no es pecado lo que ellos hacen mal; o que Dios no se da cuenta en ningún sentido de sus transgresiones. Aunque son considerados en Cristo *santos y sin mancha e irreprensibles delante de él* (Colosenses 1:22), sin embargo, considerados por sí solos, tienen y hacen muchas cosas que son defectuosas y reprobables. Aunque Dios no ve ningún pecado en ellos, con respecto al artículo de la justificación, sin embargo, ve todos sus pecados, con respecto al artículo de Su omnisciencia; o aunque no los ve con Su ojo vengador de la justicia, sin embargo los ve todos con Su ojo de la omnisciencia. Otra vez: Aunque no ve ningún pecado en ellos, para condenarlos, se fija en sus iniquidades y transgresiones, para reprenderlos y castigarlos de manera paternal por causa de ellos. *Ahora, pues, ninguna condenación hay para los que están en Cristo Jesús*; pero entonces éstos son descritos como aquellos *que no andan conforme a la carne, sino conforme al Espíritu* (Romanos 8:1, [4]). Dios no tiene nada contra Su pueblo, ya que está justificado por la justicia de Cristo y lavado en Su sangre; pero tiene

muchas cosas contra ellos, de las que se da cuenta de manera providencial, para Su bien y Su gloria: *Pero*, dice Cristo a la iglesia de Éfeso, *tengo contra ti, que has dejado tu primer amor. Recuerda, por tanto, de dónde has caído, y arrepiéntete, y haz las primeras obras; pues si no, vendré pronto a ti, y quitaré tu candelero de su lugar, si no te hubieres arrepentido* (Apocalipsis 2:4, 5). Este es el estado real de esta doctrina. Que cualquiera juzgue si, desde este punto de vista, se puede pensar que es licenciosa.

9. La doctrina de la gracia eficaz en la conversión, o de la vocación eficaz por la gracia poderosa e insuperable de Dios, no se puede considerar que tenga ninguna tendencia a llevar a las personas a un curso de vida vicioso; ya que los que son llamados por ella, son llamados con un llamamiento santo, y a la santidad: Tienen implantados en ellos nuevos principios de gracia y santidad: son formados de nuevo para Dios, son hechos nuevas criaturas, hombres nuevos; y se han *[vestido] del nuevo hombre, creado según Dios en la justicia y santidad de la verdad* (Efesios 4:24): Son creados en Cristo Jesús para hacer buenas obras; y son puestos en la mejor capacidad de realizarlas, con los mejores principios, con los mejores puntos de vista y con los mejores propósitos.

10. La doctrina de la perseverancia final de los santos nunca puede ser acusada de fomentar la inmoralidad; a menos que la perseverancia en la fe y la santidad sea una inmoralidad; o que se pueda pensar que el camino

para perseverar en la santidad es abundar en el pecado. Esta doctrina tampoco hace innecesario el uso de medios o exhortaciones a la diligencia, el cuidado y la vigilancia. El apóstol Pedro, aunque afirma que los elegidos según la presciencia de Dios, y que son engendrados de nuevo según Su abundante misericordia, *sois guardados por el poder de Dios mediante la fe, para alcanzar la salvación* (1 Pedro 1:5); sin embargo, exhorta a estas mismas personas a *ceñid los lomos de vuestro entendimiento*, a *sed sobrios, y esperad por completo en la gracia*, a *sed también vosotros santos en toda vuestra manera de vivir*, y a *conducíos en temor todo el tiempo de vuestra peregrinación* (1 Pedro 1:13, 15, 17); y hace uso de su segura y cierta redención por la preciosa sangre de Cristo, de una vana manera de vivir, para conmoverlos y comprometerlos a considerar estas cosas. Y en verdad, aunque no hay peligro de que los verdaderos creyentes caigan, para perderse y perecer; sin embargo, en la medida en que por la debilidad de la carne, las tentaciones de Satanás y las trampas de este mundo, ellos pueden caer de tal manera que deshonren el nombre de Dios, hieran sus propias almas y hagan tropezar a otros, hay una buena razón por la que *el que piensa estar firme, mire que no caiga* (1 Corintios 10:12). De hecho, es en el camino y el uso de los medios, que el Espíritu de Dios guía a los santos en la fe y la santidad hasta el final.

Conclusión

Así hemos visto que las diversas doctrinas peculiares de la gracia son puras e inocentes, sin ningún tipo de tendencia al libertinaje; pero la naturaleza y el diseño genuinos de ellas son, para promover la santidad de la vida y la conducta. Podríamos recriminar fácilmente, al mostrar que la acusación de libertinaje puede presentarse con mucha más verdad y justicia contra las doctrinas opuestas: Por ejemplo, si Cristo ha redimido a toda la humanidad, a cada individuo de la naturaleza humana, entonces puede un pecador profano decir: *"He sido redimido por la sangre de Cristo, y sin duda me salvaré, déjame vivir como quiero; porque Cristo no podría morir ni su sangre ser derramada en vano"*. Debe decirse que aunque se afirma que Cristo murió por todos los hombres, ninguno puede recibir ningún beneficio por Su muerte, sino los que creen y se arrepienten de sus pecados: Que sea así; ya que se afirma que el hombre tiene poder para creer y arrepentirse cuando le plazca; el pecador profano puede continuar diciendo: *"Viendo que este es mi caso, estoy dotado con un libre albedrío, puedo creer y arrepentirme a placer, me saciaré de pecado, y en un momento conveniente me reformaré, me arrepentiré y creeré, no dudaré, y todo estará bien conmigo"*. De este modo, la doctrina de la apostasía de los santos puede ser modificada por los hombres malvados, para animarlos a continuar en caminos pecaminosos, y para postergar todas las preocupaciones hasta el momento sobre un estado futuro: *"Porque"*, dirá el pecador, *"si este es el caso, para que el hombre se convierta verdaderamente, sea un verdadero creyente, arrepentido, y un verdadero hijo de Dios, y sin embargo caiga y apostaté, como para estar en el mismo estado en que estaba antes; que se corrija, y caiga de nuevo, y de esta manera siga hasta el final, de modo que sea muy incierto y precario en qué estado morirá, entonces podré, al menos por el momento, permitirme placeres pecaminosos; pues ciertamente será la parte más sabia y racional, para mí corregir, arrepentirme y ponerme en buen estado, ya que estos están en mi poder, hacia el final de mis días, cuando se pueda concluir más racionalmente, continuaré en ellos, y así moriré en una situación feliz"*. Por tanto, digo, podemos recriminar fácilmente; pero elijo no imponer principios con consecuencias que son negadas; ni nuestros oponentes deben acusarnos como lo hacen, cuando declaramos nuestro aborrecimiento de cada cosa de esta naturaleza.

Para concluir: A pesar de estas acusaciones, valoremos y estimemos la doctrina de la gracia, y no nos quedemos con la menor opinión de ella por este motivo. Permanezcamos firmes en ella, respetémosla y luchemos sinceramente por ella. Esforcémonos, con la ayuda de la gracia de Dios, para que nuestras conductas se ajusten al evangelio; para adornar la doctrina de Cristo en todas las cosas; para *que guarden el misterio de la fe con limpia conciencia* [1 Timoteo 3:9]; y para vivir de manera que *hagáis callar la ignorancia de los hombres insensatos* [1 Pedro 2:15], y los tales se sonrojen al acusar falsamente a la doctrina de la gracia y a nuestra conducta en Cristo.

43

Acerca del autor[1]

John Gill (Kettering, 1697-Camberwell, 14 de octubre de 1771) fue un pastor bautista inglés, erudito en hebreo y teólogo calvinista.

Nacido en Kettering, Northamptonshire, sus padres eran pobres y él debía su educación principalmente a su propia perseverancia. En noviembre de 1716 fue bautizado y comenzó a predicar en Higham Ferrers y Kettering hasta principios de 1719, cuando se convirtió en pastor de la congregación bautista de Horsleydown en Southwark. Allí continuó hasta 1757, cuando se trasladó a una capilla cercana al Puente de Londres. En 1748 obtuvo el título de doctor (Doctor Divinitatis) en Filosofía por la Universidad de Aberdeen. John Gill fue un gran erudito en hebreo y un resuelto calvinista.

Sus obras principales son: Exposition of the Song of Solomon (1728); The Prophecies of the Old Testament respecting the Messiah (1728); The Doctrine of the Trinity (1731); The Cause of God and

---

[1] Es.wikipedia.org. 2018. John Gill. [online] Disponible en: <https://es.wikipedia.org/wiki/John_Gill> [Accedido 3 Septiembre 2020]. Para consultar una biografía más detallada: Vater, N., 2016. Biografía: Apuntes Sobre La Vida Y La Obra De John Gill (1697—1771). [online] Conferencia Pastoral. Disponible en: <https://www.conferenciapastoral.org/biografia-apuntes-sobre-la-vida-y-la-obra-de-john-gill-1697-1771/> [Accedido 3 Septiembre 2020].

Truth (4 vols., 1731); Exposition of the Bible, en 10 vols. (1746-1766), en cuya preparación reunió una gran colección de libros hebreos y rabínicos y de manuscritos; The Antiquity of the Hebrew Language—Letters, Vowel Points, and Accents (1767); A Body of Doctrinal Divinity (1767); A Body of Practical Divinity (1770); y Sermons and Tracts con memorias de su vida (1773).